LE DUC

DE

REICHSTADT.

PAR UN DE SES AMIS.

*Traduit de l'allemand par A. Bastien ; avec un portrait
et une élégie par J.-M. M.*

« Être sorti du sang du plus grand des guerriers !
« Être certain de vivre aux pages de l'histoire !
« Avoir dormi tout jeune à l'ombre des lauriers !
« Et puis mourir sans gloire...!!

J. M. MALGRAS.

PARIS,

CHEZ LEVAVASSEUR, AU PALAIS ROYAL.

NANCY,

CHEZ
VIDART et JULLIEN, rue du Pont-Moujà ;
L. VINCENOT, rue des Dominicains ;
G. GRIMBLOT, place Royale.

1833.

NAPOLÉON,

(François, Charles, Joseph)

Duc de Reichstadt.

LETTRE SUR LA MORT

DU DUC DE

REICHSTADT.

PAR UN DE SES AMIS.

« Être sorti du sang du plus grand des guerriers!
« Être certain de vivre aux pages de l'histoire!
« Avoir dormi tout jeune à l'ombre des lauriers!
« Et puis mourir sans gloire...!!

J. M. MALGRAS.

PARIS,

CHEZ LEVAVASSEUR, AU PALAIS ROYAL.

NANCY,

CHEZ VIDART ET JULLIEN, L. VINCENOT ET C. GRIMBLOT, LIBRAIRES.

1833.

NANCY, IMPRIMERIE DE RICHARD-DURUPT,
RUE DES MARÉCHAUX, N.º 10.

On n'aime pas les longues préfaces ; il faut pourtant que je dise que l'auteur de cette brochure, qui a paru à Fribourg en Brisgaw il y a environ six semaines, et qui obtient le plus grand succès dans toute l'Allemagne, se nomme Brokesch, officier d'état-major au service d'Autriche, adjudant du duc de Reichstadt, et que le traducteur est un Français en Allemagne.

Maintenant, je demande moi-même la permission de ne rien dire de plus.

A. BASTIEN.

Louisbourg, royaume de Wurtemberg, 20 février 1833.

Vienne, le 1.er octobre 1832.

Vous désirez, vous attendez de moi quelques
mots sur le jeune prince qui nous fut sitôt enlevé; qui, né d'une fille de la plus ancienne
maison impériale, et du plus grand homme de
son siècle, à l'ombre du premier trône de l'Europe, semblait déjà par sa naissance être le gage
des espérances, des vœux, de la gloire, de la

force d'une nouvelle dynastie , et en même temps
de la régénération des élémens les plus précieux
de l'ordre ; et qui, survivant à la chute de ce
trône et au démembrement de l'empire, à l'exil
et à la mort de son père, à la déchéance de
toute sa famille et à la sienne propre, pauvre de
biens réels, riche de souvenirs et d'espérances ,
se flétrit au printemps de son âge comme une
fleur, s'éteignit comme la dernière étincelle d'un
vaste incendie, comme une étoile brillante au
milieu d'un ciel chargé de nuages.

Je me rends à vos désirs, et je conviendrai
même que mon cœur m'en faisait un devoir;
mais il me sera difficile de peindre une vie qui
était comme une fleur près d'éclore, et dans laquelle un esprit superficiel trouvait d'autant plus
de mystère à pénétrer, qu'au premier abord,
elle paraissait très-intelligible pour un homme
même ordinaire. D'ailleurs un caractère comme
celui du duc de Reichstadt, aussi sévèrement
renfermé en lui-même, et aussi peu ambitieux
des éloges de la flatterie et de tout ce que l'homme
ne peut acheter qu'en sortant de lui-même, pré-
sente une double difficulté à celui qui veut en-
treprendre de le tracer ; parceque la crainte d'être
mal compris et d'être contredit par un grand
nombre de ceux dont la critique lui importe,
l'arrête et paralyse ses efforts.

J'aborderai franchement la question et parle-
rai comme je pense. Je ne cherche à plaire à
personne ; mais seulement à remplir la tâche que
vous m'avez tracée et que je m'impose moi-même.
Je ne demande de la force du style que des ex-
pressions de vérité, et non ces figures dont on a
tant de fois abusé, ces tours dont on a fait un
faux usage, cette surprise produite par un as-
semblage de mots étudiés et alliés avec art, par
laquelle d'habiles écrivains savent déguiser la pau-
vreté de leur sujet.

Je le vois toujours devant moi avec cette jeune
figure, avec cette taille svelte et élancée, plein
de dignité dans son port et ses mouvemens, plein
de candeur et d'ingénuité, souple et habile dans
les exercices de tout genre, où il excellait, et
conservant toujours cependant ce calme imper-
turbable que lui donnait la gravité de son caractère. Je vois ce beau front ombragé des boucles
de sa blonde chevelure, cet œil bleu plein de
tristesse et de feu, ce nez où se dessinait un trait
de finesse, cette bouche où un doux sourire semblait éclore, ces joues où brillait la jeunesse,
ce visage où se peignaient les traits de son père
et de sa mère, ces traits avec lesquels tomba en
poussière le dernier monument d'une époque qui
déjà depuis vingt ans appartient à l'histoire. J'en-
tends cette voix qui s'exprima souvent en paroles

sévères, et qui souvent aussi trouva des inflexions si douces pour épancher son ame. Lorsque je me représente cette image, alors je comprends assez l'amour et les regrets des milliers d'habitans de cette ville populeuse, qui n'avaient vu le prince que de loin, et qui cependant furent captivés par le charme de son extérieur. Quant à ceux qui lui faisaient un crime d'avoir un tel père, et qui condamnaient dans le fils l'amour et l'admiration dont celui-là est l'objet, ou qui l'accusaient de sentimens qu'ils ne savent prouver que par leurs suppositions, que dois-je leur dire? — Ce n'est pas pour ce petit nombre que j'écris.

Il aimait son père — il l'admirait, il l'adorait; il étudiait en lui l'histoire entière; le passé, le présent et l'avenir. Avec cet amour il en nourrissait un autre non moins profond dans son cœur; celui qu'il avait pour l'empereur son grand-père; s'il voyait dans celui-là le modèle qu'il devait se proposer dans sa carrière politique, il aimait dans celui-ci la loi qui devait régler les émotions de son cœur. Ses yeux brillaient, ses lèvres brûlaient, s'il parlait de l'un ou de l'autre. Le combat long et acharné qu'ils se livrèrent tous deux, et la chute de l'un causée par l'autre n'égarèrent pas ses sentimens. Il vit en cela et adora la main toute puissante qui conduit les rois et anéantit les peuples et les empires.

On a inventé des fables et dit qu'on s'était efforcé de cacher au prince le nom et le sort de son père. Beaucoup, plutôt par passion que par folie, ont cru à ce stupide mensonge. Ni le malheur, ni la noblesse de sa naissance ne purent le préserver, lorsqu'il était encore enfant, des calomnies de la méchanceté ! Pendant qu'il entrait dans l'adolescence, on cria, à perdre la voix, qu'il était mutilé, dégradé de la dignité d'homme, abruti. Ce fut toujours avec la plus grande peine qu'il lût ces contes répandus dans les journaux et les brochures. Ce n'était pas la calomnie en elle-même qui le peinait ; elle lui était plus utile que nuisible ; mais il voyait en cela, quel est presque toujours le jugement des contemporains, et combien souvent sont corrompus et méprisables les avocats de l'opinion publique, qui ne demandent tant de ménagemens pour eux-mêmes que pour mieux épargner les autres !

Nous le vîmes sortir comme enfant des bras de sa mère avec un nom qui, il y a bientôt deux mille ans, désignait la souveraineté du monde entier. Le trône de son père s'était écroulé sous les vices qu'il avait lui-même accumulés ; le berceau de son fils, posé sur les degrés du trône, était tombé avec lui. La fille impériale retourna à la maison paternelle, et les bras du père s'ouvrirent pour la recevoir. Ces mêmes bras reçurent aussi le petit-fils et le serrèrent avec amour jusqu'au moment de sa mort. La cour qui était devenue la patrie du prince, s'occupa avec sollicitude de lui donner l'éducation la plus convenable; et dans ce but, il fut confié à un homme qui se trouvait à la tête de plusieurs établissemens scientifiqnes, qui réunissait à la noblesse de la naissance les avantages d'une riche érudition, et qui était entièrement dévoué au monarque et à la patrie. Sous sa direction et celle de plusieurs maîtres distingués, les forces du prince se développèrent, son cœur se forma et son esprit s'enrichit.

Ses souvenirs lui apprirent à connaître et à sentir ses obligations. Il avait un amour égal pour son père et pour son grand-père, et il alliait ainsi dans son cœur deux élémens opposés, dont le choc, selon ma conviction, hâta puissamment sa mort.

S'il eut été possible, comme le publia si souvent la calomnie, de cacher au jeune prince jusqu'à l'âge de la force, sa naissance et son nom, c'eût été le plus grand bonheur pour lui, c'eût été le présent du plus sage amour. Sans ces affections incompatibles qui croissaient nécessairement avec lui en déchirant son cœur, le germe de la maladie innée en lui, se serait, je crois, développé moins promptement, ou ne se serait point développé, et son corps aurait pris ces forces vigoureuses qui promettent une longue vie.

Je ne veux pas dire que cet amour pour deux ennemis l'un de l'autre soit la seule cause de sa mort prématurée, et qu'un funeste concours de circonstances malignes n'y ait pas contribué de la même manière. La prompte croissance du prince était en même temps une suite et une cause de la maladie à laquelle il finit par succomber. Pendant que la prudence et les plus grandes précautions pouvaient seules l'éloigner de l'écueil fatal, différentes circonstances concoururent pour donner une nouvelle force à la maladie ; et la plupart n'arrivèrent que par la volonté du prince lui-même, par cette volonté de fer, que la main la plus douce eût seule put plier. De ce nombre sont les fatigues des exercices militaires, les chasses, l'équitation pendant plusieurs heures de suite et avec des chevaux différens, enfin le manque de sommeil qui était si nécessaire à son corps, et dont malheureusement il se priva souvent dans les deux dernières années où il fréquentait la société.

Lorsque dans le printemps de l'année 1830, pendant le séjour de la cour impériale dans ma ville natale, la Providence m'eût mis en contact avec le Prince, et qu'une confiance réciproque, et une amitié promptement devinée nous eurent unis ; déjà dans les premières heures, combien je fus étonné des connaissances, de la réflexion et en même temps de la vivacité d'esprit et de la fougue des idées du jeune duc! Combien je me sentis honteux de n'avoir pas toujours protesté contre le verbiage mensonger des journaux! La première heure me convainquit que le prince avait connu et apprécié son père de bonne heure; qu'il avait réfléchi de bonne heure sur son sort et sur les grandes questions qui occupaient dès-lors, ou qui devaient occuper les Rois et les hommes d'état; — qu'il découvrait, avec un regard toujours plus perçant, l'état politique des empires, leurs relations, leurs forces, leurs ressources, leurs tendances et leurs desseins; — que pour animer l'histoire, cette statue de pierre de l'artiste, il savait la comparer époque par époque, peuple par peuple. Un certain malaise dans les étroites limites de la vie commune, — un enthousiasme toujours facile à s'enflammer à la pensée du grand, de l'extraordinaire, du sublime, — une bonté de cœur qui, sans affaiblir son jugement, se faisait encore remarquer lorsqu'il blâmait, — une noble ambition bornée par une louable méfiance de lui-même, — une grande sûreté dans sa manière de juger et de traiter les hommes des conditions les plus différentes, me frappèrent alors; et depuis, pendant les longues relations que j'ai eues avec le prince, j'ai toujours vu ces qualités dominer en lui.

Lorsque la chute de la branche aînée des Bourbons, dans les trois journées du mois de juillet de la même année, eût ébranlé toute l'Europe, et que bientôt, dans différens royaumes, la révolution menaçait l'édifice de l'ordre actuel, la secousse générale retentit dans son ame, et son caractère devint plus sérieux. Son esprit plus ardent que jamais, dévorait tout ce que disaient l'estime, la haine et la passion contre ou pour le puissant César, son père, dans des milliers de livres et de journaux; et il cherchait d'un regard pénétrant les moyens avec lesquels cet homme avait réussi à dompter l'hydre de la révolution, malgré ses forces toujours renaissantes. Son père était l'axe du monde de ses pensées. L'œil fixé sur son portrait peint par Girardet, suspendu au-dessus de son lit, il réfléchissait souvent pendant des heures entières, sur les événemens présens, et il s'efforçait à les déduire du passé. Avec un calme au-dessus de son âge et une impartialité au-dessus de sa position, il suivait la lutte des partis dans les journaux et les brochures qu'il lisait avec avidité, et il assignait à chacun le temps de sa durée et le terme de ses intrigues.

Il conclut de cet état de choses qu'il devait prendre pour règle de se préparer sans repos et sans relâche. Il ne doutait pas que le sort lui rendrait le trône, qu'il lui avait enlevé, peut-être pour l'en rendre plus digne par le malheur et par une privation momentanée. Une anxiété sans pareille le tourmentait au milieu des rêves si pardonnables d'un avenir plein de gloire. Il jetait un regard sur lui-même, — sur sa jeunesse, — sur son inexpérience; il tremblait que le temps ne pût le porter à la tête des affaires avant de l'avoir mûri.

Autant était vif son désir de remonter sur le trône de son père, autant il était peu sensible à l'appel des groupes qui parcouraient les rues de Paris, en se servant de son nom comme de l'étendard de la révolte. Il passait en revue les anciens frères d'armes de son père, — il les cherchait dans la France comme dans un champ immense, et les comptait de l'enceinte étroite de sa chambre à Vienne ou à Schoënbrunn, semblable au général qui compte les drapeaux la veille de la bataille. Il comptait peu sur la famille de son père, — peu ou pas sur le jeu obscur du parti que l'on nommait le sien; — mais il comptait avec confiance sur la nécessité qui, selon lui, était imposée à la France et à l'Europe; il espérait que le vœu de la France l'y reconduirait, et que toutes les puissances de l'Europe approuveraient ce vœu.

C'est avec cette conviction qu'il parla aux

hommes distingués par leur rang et par leur influence, qui avaient cherché à s'approcher de lui dans les dernières années. Parmi eux je veux faire mention du général Marmont, parceque ses relations avec le prince ont généralement paru suspectes. Éloigné par un tact exquis dans le jugement qu'il portait des hommes, de regarder les accusations des partis comme vraies dans leurs rapports, et reconnaissant la puissance des circonstances indépendantes de la volonté de l'homme, le duc ne partagea pas l'opinion de la plupart des amis de son père sur le maréchal ; mais il n'en savait pas moins ce que l'égard dû à cette opinion demandait ou demanderait de lui. S'il l'accueillit et le vit plusieurs fois, c'est que ce tendre fils désirait apprendre les particularités peu connues de la jeunesse de son père, de la bouche même de son plus ancien compagnon d'armes ; il voulait aussi gagner une voix qui pouvait retentir jusqu'en France et aider à rectifier les fausses idées qu'on avait répandues sur son éducation et son caractère. C'est dans le premier sens qu'il dit au maréchal qui touchait le reproche qui le concerne : « Je ne vois en vous que le plus « ancien compagnon d'armes de mon père. » On sait qu'il lui fit présent de son portrait. Dans quelqu'intention qu'il le fit, il écrivit au bas du portrait les vers suivans de la Phèdre de Racine dont il changea le premier, conformément aux circonstances :

> Amené près de moi par un destin sévère,
> Tu me contais alors l'histoire de mon père;
> Tu sais combien mon âme, attentive à ta voix,
> S'échauffait au récit de ses nobles exploits.

Il était dans sa nature et dans sa politique de témoigner à chaque occasion le respect qu'il avait pour la mémoire de son père. Lorsqu'un jour un officier français le pria d'écrire une ligne sur son album, sa tendresse lui inspira aussitôt ces paroles spirituelles : « Quand vous reverrez la colonne, « dites-lui que je meure du regret de ne pou- « voir l'embrasser ! » (*)

Les efforts que les partisans de son père firent après la révolution de juillet pour décider l'Autriche à leur rendre le fils de Napoléon, lui étaient restés inconnus dans leur ensemble et dans leur étendue. Il n'arriva jusqu'à lui que quelques traits; et encore étaient-ils assez mal choisis, et de nature à l'effrayer plutôt qu'à l'encourager. Cependant ils allumèrent dans son ame un incendie qui enflamma toute l'ambition qu'il avait réprimée jusqu'alors, et ils contribuèrent beaucoup à abreuver d'amertume la dernière année de sa

(*) Le texte allemand porte seulement : Quand vous reverrez la colonne, présentez-lui mes respects.

vie. Ennemi de toute intrigue cachée, il s'exprima ouvertement à son grand-père sur ce qui se passait dans son intérieur. Il pensait que le temps n'avait pas encore amené son heure, et il se borna à ne rien faire contre cette heure qu'il attendait avec confiance. Dans cette pensée, il déclara formellement qu'il ne voulait jamais porter les armes contre la France ; résolution qui, avec son amour naturel de la guerre et la persuasion que ses exploits militaires seraient sa plus belle recommandation pour les Français, dût lui coûter de grands combats. Cependant son caractère et le testament de son père auquel il voulait rester fidèle à la lettre, l'y décidèrent irrévocablement.

L'amour de la guerre...... lorsqu'il n'est produit que par l'amour des combats, des dangers, des appareils militaires, et de toutes les scènes que la guerre amène sur son théâtre ; lorsqu'il n'est que le résultat de la paresse, de l'orgueil, du manque de cœur et d'esprit ; combien cette passion paraît misérable ! — Elle provenait chez ce Prince de la profonde conviction qu'il avait de la nécessité de ce fléau et de la conscience des talens qu'il reconnaît pour le diriger sagement. Il appartenait au petit nombre de ceux qui, sans méconnaître ou mépriser ce qui leur est subordonné, n'en sont pas esclaves ; ce mérite était tout-à-fait le sien ! — Il était né avec toutes les qualités d'un grand général, et il en avait déjà porté plusieurs à une perfection admirable, parmi lesquelles je compte son coup-d'œil stratégique. Celui qui fut comme moi dans le cas de lire avec lui, entièrement ou en partie, plusieurs ouvrages militaires du premier mérite, par exemple, les campagnes de l'archiduc Charles de 1796 à 1799, Jomini, traité des grandes opérations, l'excellent ouvrage de Vaudoncourt sur la campagne de 1812; les campagnes d'Eugène, de Turenne, de Montecuculli, etc., peut avoir entendu aussi avec quel talent admirable il développait la marche de ces campagnes, accompagnait les opérations d'observations neuves, défendait les opinions pour et contre, et y ajoutait des plans que son génie trouvait facilement. De telles matières donnaient à sa langue une éloquence entraînante, son œil étincelait, — ses pensées étaient rapides comme l'éclair. Des entretiens de cette nature furent, sans contredit, les plus belles heures de sa vie. Dans ses études, il ne laissait rien échapper sans l'approfondir, de tout ce qui avait rapport à l'art de la guerre; il sentait que l'épée était son titre et son sceptre. Il possédait au suprême degré le talent décisif d'enchaîner l'opinion du soldat, sans calculer pour cela ses paroles ou sa conduite. S'il paraissait sur le champ d'exercice et galoppait devant le front des régimens, en jetant ses regards pleins d'une sévérité tempérée par la douceur de la jeunesse, il n'y avait pas un seul homme dans les rangs dont le cœur ne palpitât, dans la conviction que ce jeune homme le conduirait un jour à la victoire. La gravité avec laquelle il faisait le service de son bataillon, était un présage et un modèle de l'habileté avec laquelle il conduirait un jour son armée. Il aurait rendu son régiment le premier de l'armée, et son armée la première de l'Europe. Considérée sous ce rapport, sa perte est certainement quelque chose pour l'Autriche.

Il connaissait exactement la différence entre le métier et l'art de la guerre, et il comprit parfaitement les raisons qui, pendant vingt-six ans, firent de son père un plus grand général que tous ses habiles adversaires blanchis sous les armes. Sa passion naturelle, preuve sûre de son génie, était de développer le fil stratégique d'une campagne ; si le dénouement en tardait de quelques semaines, il lui suffisait de quelques minutes de réflexion pour en exposer l'histoire stratégique, avec une précision si exacte qu'il disait à peine un mot de trop, et jamais un mot de trop peu. La tâche favorite qu'il s'était imposée, et qu'il avait déjà entreprise avec succès, était l'histoire stratégique des campagnes de son père ; il voulait la travailler, mais ne la publier que quand il en serait assez content, pour pouvoir la mettre au jour sans s'exposer au reproche de présomption et de plagiat.

Les commentaires de César et la retraite des Dix-mille étaient sa lecture favorite. Mais le général de l'antiquité qu'il admirait le plus, était Annibal, à cause de l'audace de ses entreprises. Le prince savait adroitement et avec chaleur excuser les fautes qui sont ordinaires à ce général. Parmi les modernes, il admirait Walleinstein, non pas pour ce qu'il fit, mais pour ce qu'il pouvait faire. Eugène le remplissait aussi d'admiration, Frédéric encore plus, son père plus que tout. Il savait, avec un tact presqu'incroyable dans un jeune homme sans expérience, apprécier la part du mérite militaire et de l'influence des forces étrangères, qui ont été souvent pour les grands généraux, un écueil funeste contre lequel leurs plans les plus sages ont échoué dans l'exécution.

Il lui était naturel de ne pas se contenter de voir les choses superficiellement, et de chercher l'application de chaque principe. Dans chaque science, l'histoire était pour lui la partie la plus essentielle, et une impatience si souvent combattue par ses amis, et que je pourrais nommer un présage de sa courte vie, l'entraînait du sujet de la science à l'esprit de cette science. L'histoire elle-même n'était pas seulement pour lui le miroir des faits, mais encore celui de l'esprit des peuples et des individus. Enfin le passé était pour lui la base du présent; et si, pendant sa jeunesse, le manque d'élémens lui fit prononcer quelquefois des jugemens erronés, la force toujours croissante de son esprit et cette facilité si grande, et sitôt développée chez le jeune Prince d'associer et de comparer ses idées, promettaient de lui une application facile de la théorie, une ferme confiance en lui-même et une noble indépendance du jugement des hommes, qualités qui occupent les premiers rangs parmi les élémens qui font les grands caractères.

Ennemi des jeux de l'imagination, peut-être plus que sa jeunesse ne le permettait, son terrain propre était la réalité. Il n'aimait ni la poésie ni les beaux-arts, c'est-à-dire qu'ils n'avaient point d'attrait pour lui. S'il lisait Ossian, c'était par respect pour la mémoire de son père; s'il était touché des scènes de l'Iliade, il pensait que cette action aurait encore pu mieux se peindre en prose; s'il aimait le Wallenstein de Schiller, c'était l'esprit soldatesque de cette poésie qui le charmait. Chercher la vérité et se l'appliquer, — tirer de chaque science ce qui convient aux temps et aux individus, — regarder dans chaque homme son utilité comme soldat ou comme citoyen, telle était la direction naturelle de son esprit, tels étaient ses efforts continuels ; et son jugement avait acquis dans cet exercice une pénétration qui s'élevait bien au-dessus des jeunes gens de son âge. Ces talens promettaient un riche avenir ; il ne l'eut pas, la Providence ne lui permit pas de montrer ce qu'il était déjà en lui-même. Si Alexandre était mort dans sa 21.ᵉ année, qu'aurait-on pu dire de lui ?

Une tristesse profonde et toujours croissante, une impatience souvent fiévreuse, le découragement étaient les dispositions dans lesquelles les amis du jeune duc le trouvaient souvent. Il combattait contre ces ennemis par les exercices du corps. Il fut mal compris ; voilà ce qui entourait son esprit de barrières insurmontables ; mais toutes les portes s'ouvraient, s'il savait qu'il était compris, et il se jetait, avec la candeur d'un enfant et la plus noble confiance, dans les bras de celui qu'il aimait. L'envie, la jalousie, la haine, la calomnie n'étaient pas assez fortes pour l'ébranler. Combien il méritait de connaître l'amitié ! Combien il eût été vil de lui enlever ce trésor en sacrifiant à la crainte des hommes ou aux préjugés du siècle.

Son ame avait un fond inébranlable de loyauté, et aucune couronne du monde ne l'eût porté à une action que sa conscience désavouait. On a souvent agité la question de savoir, s'il se serait laissé enlever de l'Autriche pour retourner en France ; — je crois que oui, si son esprit avait trouvé les moyens de faire réussir ce coup hasardeux. Ce noble cœur, qui épancha si souvent ses pensées dans le mien, aimait à prévoir ce cas ; et la perspective des avantages que l'empire d'Autriche eût gagnés à son rétablissement sur le trône de France, était si décisive pour lui, que son amour pour ce pays était un avec celui qu'il avait pour son grand-père. Quoiqu'il vît souvent une couronne à la pointe de son épée, il se serait jeté au milieu des plus grands dangers pour défendre l'Autriche, et son corps lui aurait servi de bouclier. La pensée de devenir un autre Eugène pour cette seconde patrie, berçait son cœur, dans des heures plus calmes, d'une douce espérance qui s'évanouit sans doute devant le sentiment de l'impossibilité de jouer un tel rôle.

Sa vénération pour son grand-père était fondée sur la profonde estime qu'il avait pour son expérience, et pour sa vertu incorruptible. Il se tournait vers lui toutes les fois qu'il était dans la peine ou le doute, et il n'en revenait jamais sans soulagement et sans consolation. Il ne lui cachait aucune de ses pensées, quelque hardies et quelque téméraires qu'elles fussent, et il avait la plus grande confiance dans son amour paternel. Dans quelques momens d'émotion, les paroles de ce second père excitèrent toute son attention. Celui qui connaît l'histoire de ses sentimens et de ses pensées, connaît aussi la force de son amour pour l'empereur. Le respect qu'il avait pour ses opinions, ses conseils, ses desseins, pour toutes ses paroles, provenait de l'estime sans borne que lui inspirait son caractère.

Il avait des amis, — il avait des hommes qu'il estimait, — il était du petit nombre de ceux qui savent apprécier les qualités d'un homme, sans être aveugle sur ses défauts. Autant sa physionomie était ordinairement sérieuse, autant il pouvait être gai et tendre dans des momens d'abandon, qui étaient d'autant plus précieux qu'il était moins prodigue de sa confiance. Je ne découvrirai pas ce beau côté de son cœur. Tant de confidences qu'il a déposées dans mon sein, pendant ces heures qu'il me permettait si souvent de passer avec lui, sont la propriété de mon cœur, et je ne veux pas les révéler.

La plupart de ceux qui connurent son père, ont trouvé de la ressemblance entre le duc et lui. Ses traits étaient les siens, il les eut depuis son berceau jusque sur son lit de mort. Son port et ses mouvemens étaient les siens, et cette ressemblance corporelle annonçait une ressemblance plus précieuse, celle de l'esprit et de l'ame.

Un des principaux rapports de son esprit avec

celui de son père, me parut toujours être cette lenteur de conception, qui provenait d'un besoin de connaissances solides, et en même temps cette difficulté qu'il avait de s'intéresser à différentes choses qui paraissent très-importantes aux autres. Je sais de la bouche de cette femme remarquable, qui, survivant à toute sa famille, à son père, à sa mère, à son époux, qui n'appartiennent pas à l'histoire, ensuite aux rois, ses enfans, au géant son fils, au fils de son fils, je sais, dis-je, de la bouche de cette femme qui mêlera sa cendre à l'éternelle Rome, que Napoléon dans son enfance et dans sa jeunesse, posséda ces deux qualités, au point d'être regardé par plusieurs, comme faible d'esprit. Ces qualités qui sont souvent méprisées dans le monde, garantissent un jugement, un tact, un discernement qui est le guide le plus sûr dans la conduite, et qui est plus précieux que le conseil de cent mille esprits médiocres.

Il n'est plus.....! Ses souffrances se sont éteintes avec la lumière de ses yeux, elles ont cessé avec les battemens de son cœur. Il est mort avec le calme de son père sur ce rocher désert de l'océan, avec le calme d'un vétéran sous les armes. Mourut-il à regret? pourriez-vous le penser? — Au dernier jour de sa vie, — à sa dernière heure, — lorsque l'impératrice sa grand'-mère, demeurée seule avec moi auprès du lit du Prince mourant lui donnait sa dernière bénédiction en fondant en larmes, et tombait défaillante entre mes bras; — n'appela-t-il pas la mort comme sa seule amie, comme sa libératrice? — Que devait-il faire ici sur la terre? Sa fausse position ne faisait-elle pas son plus grand tourment; et y avait-il une autre fin pour celui dont les affections, les pensées, les désirs et les espérances se livraient un combat continuel dans son ame? Le sort lui avait-il permis ce qu'il ne refuse pas même à l'homme le plus obscur? — pouvait-il imiter son père? il pouvait l'aimer, l'admirer, — et puis mourir d'admiration, accablé sous le poids de sa destinée ! !

Une vie obscure eût été pour lui un enfer. Quand même il serait devenu un autre prince Eugène, comme il aimait quelquefois à se bercer de cette espérance; — n'était-il pas né roi de Rome et pouvait-il l'oublier? Pouvait-il oublier les prodiges qui s'étaient succédés comme les anneaux d'une longue chaîne, pour le faire naître à l'ombre du premier trône du monde; et les autres prodiges non moins nombreux qui avaient été nécessaires pour le transporter de là sur ce lit de mort, où il finit le rêve de son origine, qu'il avait commencé au berceau?

Mais la Providence n'aurait-elle pas pu le reconduire dans le pays qui le vit naître? oh! ne la blasphémons pas! Loin de nous cette pensée impie! Si son père, environné de tout l'éclat de sa gloire, entouré de tous les généraux qu'il avait formés pour lui, ou que le destin lui avait conduits; — si son père, avec l'expérience d'un règne de plusieurs années s'anéantit devant l'ennemi intérieur; — si ce géant, accoutumé à faire trembler la terre devant sa puissance, tomba en poussière devant le faible idole de la frénésie politique; comment la main de ce jeune homme aurait-elle pu, au milieu de la tempête, sans gouvernail et sans matelots dociles à sa voix, diriger le vaisseau de l'état, dont les flancs s'étaient déjà brisés contre les écueils? — Le fils de Napoléon serait retourné en triomphe à Paris; oui, mais son triomphe n'eût été que d'un jour. Quels hommes y eût-il trouvés? — des instrumens émoussés dont son père s'était servi. Quels élémens de l'ordre de l'édifice social? — un cahos de forces déchaînées. Non, ne le plaignons pas de son repos; une telle mort, après avoir recueilli l'héritage de l'esprit et du caractère de son père, est une belle fin. Et la destinée ne devait-elle pas s'accomplir? le père ne mourut complètement que dans le fils.

Tu n'es plus, noble Prince! le berceau et le tombeau te traitent en Roi. Je vois ton père, se lever devant la porte noire du tombeau; je le

vois te tendre les bras dans le séjour brillant de
la liberté, où tous les temps sont présens; je
vois les grands généraux de tous les siècles te
saluer comme leur égal; je vois les troupes in—
nombrables des guerriers que l'histoire ne connaît
pas, voler à ta rencontre en fendant des flots de
lumière; je vois les puissans héros de la Grèce
et de Rome, le fier Carthaginois que tu as admiré
si souvent et ses superbes vainqueurs; je vois les
têtes couronnées de la maison de Habsbourg; je
vois les ombres saintes des princes qui reçoivent
à Aix-la-Chapelle les couronnes de l'Allemagne
et de la France, — Wallenstein et Gustave-
Adolphe, — Eugène, Fréderic! Entre au milieu
de leur auguste assemblée. Il y a une couronne
plus brillante que toutes les couronnes d'or et de
pierreries. Qui ne sait le prix qu'on y doit at-
tacher? — cette couronne tu l'as portée avec le
courage d'une constante vertu! Ton image sans
tache brille à nos yeux comme celle d'un génie
céleste. L'histoire la tracera sur ses plus belles
pages.

Oh ! quand reviendront l'exaltation et la poésie ! quand se présentera à nous une destinée grande et noble à accomplir ! quand s'élèveront des hommes à la pensée magnétique, des artistes inspirés qui nous arracheront à cette nullité, à cette démoralisation, à cette inertie ? Quand viendra surtout le temps, où il ne sera pas permis de voir tant de nobles natures immolées, se traîner misérablement dans la vie, manquer leur destinée ? Car combien voyons-nous d'existences sacrifiées, perdues, jetées au vent comme celle du fils de Napoléon !

Et puis falloir mourir !
A.^{dre} Dumas.

« Hélas ! si tôt mourir…! ô France je t'aimais ;
» J'aime tes vieux soldats, ces fils de la victoire !
» Et pourtant il me faut te quitter pour jamais !
    » Et puis mourir sans gloire !

» Être sorti du sang du plus grand des guerriers !
» Être certain de vivre aux pages de l'histoire !

» Avoir dormi tout jeune à l'ombre des lauriers !
» Et puis mourir sans gloire... !

» Mon père ! ah ! prends pitié d'un fils trop malheureux !
» Lève-toi de ta tombe, ombre sainte et chérie !
» Porte-moi dans tes bras jusqu'au séjour des Dieux !
» Emporte au loin ma vie !

» Et toi, France, sur moi daigne verser des pleurs !
» A ton beau souvenir, mon ame s'est flétrie ;
» Tu m'apparus trop belle ! hélas ! pour toi je meurs
» Sans gloire et sans patrie... !

Il meurt..... et son tombeau désert, abandonné,
Perdu dans un pays, loin, bien loin de la France,
Ne verra pas les pleurs du guerrier indompté
Qu'endormait l'espérance.

Et si jeune... et mourir...! Français, plaignons son sort !
Et puisque les combats n'ont pas connu ses armes ;
Jetons un souvenir sur sa funeste mort,
Et répandons des larmes !

Pour aller dans les camps, son cœur nous attendait,
Du peuple conquérant entendait-il l'orage ?
Son ame frémissante en son œil scintillait !
        Il brûlait de courage !

Le canon de Juillet, en tonnant jusqu'aux cieux,
Ralluma dans son cœur un reste d'espérance ;
Il entrevit la gloire ; et tous ses plus beaux vœux
        Se portaient vers la France !

Quand le peuple à Paris dominait en vainqueur ;
Qu'il inscrivait son nom sur les marches du trône,
Qu'il brisait des tyrans, dans sa noble fureur,
        Le sceptre et la couronne ;

Que n'est-il accouru de son lointain séjour,
Apportant dans ses bras le drapeau de la gloire ?
On le suivrait encore, avec un noble amour,
        Sur les champs de victoire !

Du haut des cieux, son père aurait guidé ses pas ;
Son épée à la main, la liberté dans l'ame,

Il aurait reconquis avec nos fiers soldats

Ce que chacun réclame.

Tous ces rêves, hélas! se sont évanouis ;

Le peuple souffre encor, la France . . . .

. . . .

. . . . !!

Maintenant tout sommeille; on ne voit plus un nom

S'élever glorieux de ce sommeil funeste ;

Tout se flétrit et meurt. Les grands hommes s'en vont !

Et qu'est-ce qu'il nous reste ?

O grand Napoléon! que n'es-tu parmi nous,

Pour nous conduire encor de victoire en victoire?

Oui, tu nous verrais tous tomber à tes genoux,

Et couronner ta gloire !

Que n'es-tu parmi nous, avec ton bras de fer,

. . . .

. . . .

. . . . !!

Mais non ; le ciel jaloux de toute ta grandeur
T'exila loin de nous dans un désert sauvage !
Là, ton front succomba sous le poids du malheur,
    Là, tomba ton courage !

Mais ton fils, survivant à ta funeste mort,
A tous les cœurs français redonnait l'espérance.
Nous l'attendions ce fils... ! et nous croyions encor
    Au bonheur de la France !

Hélas ! tout notre espoir est perdu pour jamais !
Nous avons vu périr au milieu des alarmes
Et le père et le fils ! pour eux, pauvre Français,
    Pour eux verse des larmes !

L'un tout brillant d'éclat, aux siècles à venir,
Marchera glorieux ! l'autre a passé sans gloire,
Mais pourtant son malheur mérite un souvenir
    Au livre de l'histoire.

Oui, va ! jeune et bon Prince, on bénira ton nom !
Nous le savons, ton glaive eût brisé nos entraves !

Aussi, tout bon Français posera sur ton front
La couronne des braves !

Comme moi, nos guerriers admirent tes vertus :
Reçois du haut du ciel leurs pleurs et leur prière ;
C'est toujours une larme, un souvenir de plus ;
Jeté sur ta poussière ! ! !
. . . .

J.-M. MALGRAS.

9 782014 079319